UM NOVO JEITO DE VENCER A DEPRESSÃO

Coleção Vida Plena

- *A chave para a felicidade*
  Adriana Fregonese, Lilian Hsu, Cátia Monari
- *A coragem de ser responsável:*
  descubra se você é reativo ou proativo, omisso ou comprometido
  Carlos Afonso Schmitt
- *A força interior em ação*
  Abel Brito e Silva
- *Aprendendo a viver: caminhos para a realização plena*
  José Manuel Moran
- *Forças para viver: palavras de ânimo para quem sofre na alma e no corpo*
  Carlos Afonso Schmitt
- *Na esperança do reencontro:*
  para quem está de luto e deseja superar as lágrimas
  Carlos Afonso Schmitt
- *O gosto das pequenas vitórias:*
  como vencer os medos que nos afligem diariamente
  Carlos Afonso Schmitt
- *O incrível poder da palavra:*
  os efeitos do pensamento e da fala sobre nossa vida
  Carlos Afonso Schmitt
- *O poder da superação: como recuperar a saúde e viver de bem com a vida*
  Carlos Afonso Schmitt
- *O segredo da longevidade:*
  sonhos e desafios para manter-se ativo e saudável em qualquer idade
  Carlos Afonso Schmitt
- *Um hino à alegria: dos males da tristeza aos cânticos da vida*
  Carlos Afonso Schmitt
- *Um novo jeito de vencer a depressão:*
  a cura possível através da terapia holística
  Carlos Afonso Schmitt
- *Viver com paixão!*
  Valerio Albisetti

CARLOS AFONSO SCHMITT

UM NOVO JEITO DE VENCER A DEPRESSÃO

A cura possível através da terapia holística

Paulinas

Dados Internacionais de Catalogação na Publicação (CIP)
(Câmara Brasileira do Livro, SP, Brasil)

Schmitt, Carlos Afonso
  Um novo jeito de vencer a depressão : a cura possível através da terapia holística / Carlos Afonso Schmitt. – 5. ed – São Paulo : Paulinas, 2013. – (Coleção vida plena)

  ISBN 978-85-356-3489-1

  1. Depressão mental 2. Depressão mental – Tratamento 3. Holismo 4. Medicina holística I. Título. II. Série.

13-02809   CDD-610
                                                              -150.193

Índices para catálogo sistemático:
  1. Depressão mental : Medicina holística   610
  2. Depressão mental : Psicologia holística   150.193

5ª edição – 2013
2ª reimpressão – 2018

Direção-geral:
Flávia Reginatto

Editora responsável:
Luzia M. de Oliveira Sena

Assistente de edição:
Andréia Schweitzer

Copidesque:
Ana Cecilia Mari

Revisão:
Mônica Elaine G. S. da Costa e Jaci Dantas

Direção de arte:
Irma Cipriani

Gerente de produção:
Felício Calegaro Neto

Projeto gráfico de capa e miolo:
Telma Custódio

Nenhuma parte desta obra poderá ser reproduzida ou transmitida por qualquer forma e/ou quaisquer meios (eletrônico ou mecânico, incluindo fotocópia e gravação) ou arquivada em qualquer sistema ou banco de dados sem permissão escrita da Editora. Direitos reservados.

Paulinas
Rua Dona Inácia Uchoa, 62
04110-020 – São Paulo – SP (Brasil)
Tel.: (11) 2125-3500
http://www.paulinas.org.br – editora@paulinas.com.br
Telemarketing e SAC: 0800-7010081
© Pia Sociedade Filhas de São Paulo – São Paulo, 2008

Palavras de esclarecimento

Não sou psiquiatra nem psicólogo. Sou terapeuta holístico.

Este pequeno livro não tem a pretensão de ser um compêndio sobre depressão. Como estudioso da alma humana, estou constantemente em busca da compreensão de suas angústias e alegrias, seus desesperos e esperanças. A única pretensão – se alguma existe – é ajudar as pessoas que sofrem desse mal a serem de novo felizes. Se isso acontecer, sentir-me-ei gratificado.

A terapia holística não exclui a medicina. Elas se complementam. Dando-se as mãos, a cura será mais rápida e duradoura. É unicamente isso que se deseja.

Carlos Afonso Schmitt
Terapeuta holístico credenciado
SINTE – CRT 23.906

Introdução

Há muitas angústias e dúvidas invadindo o coração das pessoas deprimidas.

– Existe ou não uma saída?
– A cura de fato é possível?
– De onde vem esse mal?
– Por que comigo?

Como se estivessem perdidas no labirinto de uma vida sem sentido, essas pessoas buscam urgentemente uma saída, procurando solução para os males de sua alma.

A solução existe.
Ela está dentro de você!

A cura é questão de tempo e dedicação, num trabalho de fé e amor, incluindo, muitas vezes, medicina e psicoterapia para o sucesso ser alcançado.

A *automotivação*, com vontade e disciplina sempre renovadas, une-se ao processo de cura como elemento indispensável para a plena recuperação.

A *ciência* coloca hoje à disposição inúmeros recursos curativos. Descobertas maravilhosas, a seu alcance, surgem diariamente a respeito dessa intrigante doença.

Saiba como tudo acontece em você, para evitar a depressão ou curar-se definitivamente. Esse "mal do século", infelizmente, já atinge grande parte da humanidade. Caso sua vida esteja sendo prejudicada pela dor desse misterioso e complicado mal, vá em busca da liberdade. Cure-se! Você pode!

1. Um olhar sobre o mundo de hoje

Vivemos num mundo agitado, em constante transformação. As mudanças são tão rápidas que é quase impossível acompanhá-las. O futuro se apresenta incerto e desafiador. A ansiedade e as tensões aumentam dia a dia, somatizando-se muitas vezes de forma impiedosa no corpo vulnerável e frágil do ser humano do século XXI. O sistema imunológico sente-se agredido e descontrolado, incapaz de manter os níveis de saúde desejáveis para o pleno e satisfatório desenvolvimento. A segurança e a estabilidade da vida fogem debaixo de nossos pés.

Viver seguros em meio à insegurança,
certos em meio à incerteza,
eis o desafio que a sabedoria milenar
nos propõe no momento atual.

Mais do que nunca, esta verdade nos questiona diariamente. Não se deve falar apenas em crise. É preciso falar em mudança. Este é o nome do novo estado de vida que o século XXI requer de nós: MUDANÇA PERMANENTE.

– Estamos preparados para vivê-la?

– Nosso estado de espírito está suficientemente alerta e motivado para o desafio que isso representa?

– Abatemo-nos facilmente perante os obstáculos da vida ou temos a força necessária para sair ilesos dessa constante agitação em que o mundo de hoje nos jogou?

Nesse quadro conturbado e muitas vezes assustador, a depressão surge como *fuga inconsciente* diante da necessidade de enfrentamento que a vida exige de quem deseja seguir de cabeça erguida, saudável e com prosperidade.

Buscam-se, então, as mais diversas alternativas como solução para os males que afligem o *espírito*, a *mente* e o *corpo* de quem padece a dor da depressão. Porém, ainda que a intenção de buscá--las seja válida e positiva, nem sempre a resposta é satisfatória. A cura é demorada ou quase inexistente. A descrença e o pessimismo começam a invadir a alma sofredora.

Em meio a tantas respostas que a ciência moderna oferece, a *terapia holística*, sem dúvida, surge como um caminho extremamente aconselhável. Para muitos, é a grande oportunidade de rever valores de vida e dar um novo significado à existência.

A terapia holística é *total*. Nada exclui da complexidade do ser:

- há *doenças espirituais* e, como tais, precisam ser reconhecidas e devidamente tratadas;
- há *problemas emocionais e psicológicos*, como, por exemplo, preocupações exageradas, pensamentos recorrentes, ansiedades, medos ou fobias... – todos necessitando de cura;
- há *sintomas corporais* que prejudicam a harmonia física, tão necessária para sermos uma unidade equilibrada, um todo maravilhoso que Deus criou a sua imagem e semelhança (cf. Gn 1,26).

Estamos aqui para aprender e evoluir. A vida é a escola de Deus. Superar doenças, vivendo com saúde, faz parte do aprendizado. As lições diárias são as mais diversas. Caso as tenhamos assimilado, a cura pode acontecer. Do contrário, o universo repete as mesmas lições, até que o seu significado seja compreendido. Em se tratando de depressão, a lição a ser aprendida é um desafio dos mais significativos.

Você está disposto a aprendê-la?

2. Previsões e dados alarmantes

Há, no mundo de hoje, uma considerável *perda de valores*, capaz de criar uma ruptura no equilíbrio emocional do ser humano.

A Organização Mundial da Saúde (OMS) tem previsões nada animadoras em relação à depressão. Presume-se que, em 2020, seja esta "a doença mais comum da humanidade". Definida como "transtorno de humor" pela mesma OMS, a depressão não escolhe idade, sexo ou raça. É um mal que pode atingir crianças ou adultos, adolescentes ou idosos.

Os dados apontados pela pesquisa da OMS nos levam a sérias reflexões: uma em cada cinco *mulheres* está sujeita a sofrer de depressão; um em cada dez *homens* está igualmente sujeito a ser atingido por esse mal. Nem mesmo a alma infantil está isenta da depressão.

- *Mulheres frustradas* em seu casamento, profissionalmente insatisfeitas, sem perspectivas de futuro, deprimem-se facilmente, mais ainda nos dias que antecedem à menstruação. O que poderia ser uma "simples TPM" torna-se algo muito grave e desgastante.

- A *depressão pós-parto* é hoje numericamente muito maior que antes. Há todo um contexto de estresse e expectativa envolvendo a gravidez, o parto e o próprio filho que irá chegar. Dez por cento das mulheres são atualmente atingidas por esse mal, praticamente inexistente e desconhecido no tempo de nossas avós, observadoras da "sábia quarentena" que as livrava do estresse que as mães de hoje vivenciam.

- A *menopausa*, para muitas mulheres, é uma época de distúrbios emocionais de toda ordem que podem criar um estado depressivo. São fases perfeitamente superáveis sem tantos contratempos, contanto que a devida atenção e os cuidados necessários sejam tomados.

- *Homens que fracassam em seus negócios* ou envolvem-se em *casos extraconjugais* complicados, cheios de crenças negativas e religiosamente severas, permitem com muita facilidade que a depressão se instale em sua vida. Eles mesmos, na verdade, criam condições favoráveis para que ela se torne real. Fazem-na acontecer.

- O pior é quando seu *desempenho sexual* está em jogo. Sentir-se impotente, para muitos, é o supremo castigo. Nada supera tal desgraça. A *bebida*, então, entra em jogo, como recurso altamente utilizado para amenizar a dor da frustração, de todas a maior. E tudo desanda, tudo piora. Mais e mais essas pessoas se frustram, até que tristes, desiludidas e decepcionadas, fecham-se em si mesmas e criam a depressão.

- As *crianças*, muitas vezes, se abatem e a energia da vida se esvai. Sentem-se *mal-amadas, inseguras* ou *em conflito* com sua imagem por terem, por exemplo, engordado muito. Com medo de enfrentar a vida, de relacionar-se, elas se encolhem e se refugiam no isolamento. E então se abre o caminho para a depressão.

- *Adolescentes com problemas de autoestima*, vulneráveis à opinião da turma, cheios de conflitos e espinhas, com medo de não agradar e de não serem amados, entram facilmente em profunda tristeza existencial. Sentem-se rejeitados e incompreendidos, caminhando muitas vezes a passos largos para a depressão ou até mesmo para o suicídio.

- Em proporção um pouco menor, mas não menos preocupante, o mesmo vale para os *jovens que* buscam firmar-se na vida e *encontram obstáculos*, até certo ponto normais, mas que para eles parecem insuperáveis. A droga e o álcool rondam seus passos e, se os pais não ficarem superatentos e preparados, tais substâncias entram e se instalam na vida desse jovem.

• *Idosos*, de ambos os sexos, *sem objetivos nem sonhos na vida*, vegetando em seus dias nublados e iguais, na insossa rotina de asilos ou na solidão de casas sem alegria, veem, com muita frequência, a depressão se apossar de si. Viver se torna um peso, em vez de uma feliz experiência.

É preciso ficar atento às descobertas médicas a respeito das consequências da depressão. Uma das que mais preocupam, em relação a crianças e idosos, é o *enfraquecimento do sistema imunológico*, tornando a pessoa depressiva sujeita a doenças de todo tipo. Não há corpo que resista quando a mente enfraquece. Prevenir-se contra isso é fundamental para ter saúde e viver bem. Manter a energia vital fluindo, para que o rio da vida possa fluir também. A alegria de viver faz as águas deslizarem – livres, soltas e saudáveis.

3. Considerações gerais sobre possíveis causas

De onde surge, como se origina a depressão? As respostas a esta pergunta podem ser as mais diversas.

Que haja, por vezes, um *componente genético*, uma herança transmitida via DNA, proveniente de até várias gerações de antepassados, disso os médicos têm conhecimento. Ninguém, no entanto, sabe precisar com exatidão a extensão dessa influência hereditária. Agiria ela como *predisposição* à instalação da doença? Predisposição, porém, não significa fatalismo.

O *estilo de vida* de cada um é determinante no aflorar ou não de um mal que pode estar incubado na mente ou no corpo de alguém.

- Conheço muitas pessoas, com pais ou avós depressivos, mas que têm alto-astral, são otimistas, felizes e, consequentemente, saudáveis.

- Conheço, outrossim, pessoas depressivas cujos ancestrais eram conhecidos como positivos, esbanjando saúde, aparentemente em nada contribuindo para a criação desse estado de espírito doentio.

- Conheço ainda outras que teriam todos os motivos para viverem depressivas, de mau humor, sentindo-se arrasadas com sua situação pessoal ou familiar, e são altamente motivados, alegres e bem-sucedidos.

Quando a depressão se instala, é porque a alma adoeceu.

E isso não tem ligação alguma com a genética: é o *ser espiritual* que não está bem. Que possa ser psicogenético faz mais sentido. É preciso olhar mais longe, muito além do simples corpo.

Perdas de entes queridos, traumas, sentimentos de culpa, desilusões amorosas, separações ou divórcios, a perda do emprego, frustrações financeiras, mágoas por traições ou injustiças sofridas, estresse negativo acentuado, ambiente hostil e pessimista, TUDO (e muito mais!) pode tornar-se o *gatilho* de um estado depressivo que, silenciosa ou rapidamente, se instala.

Se existe o DNA conhecido pela ciência médica, não haveria também um DNA *espiritual*, conhecido pelos pesquisadores da alma humana? Herdamos ou trazemos conosco limitações anímicas, como seres espirituais que somos em busca da perfeição?

Não sei quem tem as respostas exatas e definitivas para tantos questionamentos. Sei que nos defrontamos com um mistério e que nossa "vã filosofia" sente-se pequena ou incapaz para decifrar os enigmas da alma.

Sejam as causas quais forem, com um trabalho conjunto a *seis mãos* – as do *doente, as* do *terapeuta* (médico, psicólogo, psiquiatra, curador espiritual...) e as da *família*, unindo-se as forças numa decidida busca de cura –, os objetivos serão alcançados. Tudo indica que há muito a ser pesquisado e descoberto nessa área perturbada e confusa da psique humana.

Há quem invoque certo *determinismo ambiental* como um possível fator decisivo: educação negativa, sociedade pessimista, cultura sem ética nem religião... componentes de peso e influência na construção de uma personalidade doentia e sem grandes aspirações.

Seja como for, nada mais leviano que considerar a depressão como "coisa da cabeça", "mania de estar doente", ou confundi-la com melancolia ou tristeza passageiras que, assim como vêm, também vão. Isso sem falar da confusão que até os responsáveis pela área da saúde podem fazer no diagnóstico desse mal, levados pela pressa ou sobrecarga de serviço.

Para os hipocondríacos – que necessitam de alguma doença como suporte para serem vistos ou amados –, a depressão pode ser aceita como verdadeira, mesmo quando ela não existe. Torna-se, assim, um fator afetivo, de propriedade particular, tratado com todo o carinho, como um dia alguém me dizia: "minha deprê, doutor, não me deixa tão fácil assim...".

Cuidado com o que se fala! Cuidado com rótulos! Nem tudo é estresse negativo, muito menos depressão. Cansaço e irritabilidade podem ser sintomas, mas não a doença em si. Tristeza profunda pode conduzir à depressão. Nem sempre, porém, é esse o caminho.

Profissionais competentes na área da saúde psicossomática são as melhores opções para um diagnóstico seguro. Procure-os sempre que preciso.

Um *diagnóstico perfeito* e um profundo processo de *autoconhecimento* serão o início de sua cura.

Vá em busca!

4. Tipos de depressão

Muito já se pesquisou e muito mais ainda é preciso pesquisar a respeito da depressão: o grande mal do século.

A *falta de verdadeiros valores* para a vida; o *vazio* de uma sociedade consumista, voltada ao dinheiro e ao prazer; a *ausência de princípios* que norteiem as pessoas no rumo de seus passos; a *pouca ou nenhuma vivência religiosa*... tudo leva a criar um clima propício à doença da alma que desafia os conhecimentos terapêuticos de nossa ciência.

– De onde vem a depressão?

– Somos nós que a criamos?

– Ela vem de fora ou de dentro?

– É genética ou muito mais psicogenética?

– Tem cura ou apenas é mantida sob controle?

– Pode levar à morte?

– Existe algum fator espiritual envolvido?

– A pessoa depressiva tem de tomar remédio a vida inteira?

Estas e outras tantas perguntas são feitas diariamente por médicos, psiquiatras, psicólogos, terapeutas, sacerdotes, filósofos e pesquisadores em suas buscas. E o mistério, em grande parte, persiste. Até o momento não há respostas cabais, definitivas. Sabe-se um tanto. Desconhece-se muito.

Seja a depressão leve ou aguda, sazonal ou crônica, sempre será como uma nuvem negra que encobre o céu do deprimido. Dentre as muitas classificações adotadas por diversas escolas de medicina ou psicologia, apresento as que mais se adaptam à terapia holística, que sigo:

- *Depressão endógena*, que se origina de dentro. É genética, está no DNA. Herdada dos pais ou avós, ou de gerações ainda anteriores. Há um desequilíbrio químico-fisiológico que se instala, por falhas da própria natureza. A *serotonina* e a *noradrenalina*, substâncias necessárias ao bom humor, ou não são produzidas em escala suficiente e/ou os neurotransmissores não conseguem estabelecer uma perfeita comunicação entre os neurônios, prejudicando o bom desempenho do cérebro e, por conseguinte, a própria alegria de viver da pessoa.
- *Depressão exógena:* que vem de fora. Na minha opinião, a mais frequente. Instala-se devido à reação imprópria do organismo diante de fatos, circunstâncias ou ambientes hostis. Por exemplo:
  - O *estresse diário*, quando não é bem administrado, se infiltra em todos os momentos da vida, incapacitando a pessoa de exercer suas atividades costumeiras e impedindo-a de trabalhar; é uma das maiores causas de faltas no emprego e de fracasso em empreendimentos próprios.
  - O fato de a pessoa *não saber lidar com os acontecimentos da vida*, interpretá-los negativamente, revoltar-se contra eles, não perdoá-los nem superar seus desafios, é a maior causa de incidência de depressão.

Há também o *transtorno bipolar*, um distúrbio de humor caracterizado por fases de euforia, alternadas com fases agudas de desânimo e prostração: dias de alegria exagerada, com sensação de onipotência, quando tudo parece simples e fácil, em que se efetuam negócios absurdos nos quais se lucra muito ou perde-se tudo, seguidos de dias de tristeza arrasadora em que tudo perde sentido e sabor, e a vida se transforma numa sucessão monótona de horas sem interesse e valor algum.

É o tipo mais problemático de entender, o mais difícil de se tratar e o mais renitente em curar. Ele descontrola a vida do doente, proporcionando aos familiares uma constante preocupação em relação às suas atitudes. É preciso ficar atento, quase que vigiá-lo. Tanto na mania como na melancolia, que, às vezes, se alternam rapidamente, o imprevisível sempre é capaz de acontecer. Todo cuidado é pouco, porque a tentação do exagero ronda a mente dessas pessoas. Até mesmo o suicídio não se deve descartar. Quando se torna obsessão, é possível que aconteça.

Se você possui alguma dessas características, procure conhecer-se mais profundamente. Desnude sua mente, pesquise sua alma, ouça seu corpo: ELES FALAM! Escute-os atentamente e o caminho da cura estará se abrindo para você.

Confie em seu poder!

*Que tal examinar o rio de sua vida
e verificar se as águas estão fluindo?*

5. Nem tudo é depressão

Depressão virou "modismo". Há uma verdadeira "vulgarização do termo" e uma ambiciosa comercialização de medicamentos, alopáticos e fitoterápicos, que geram lucros fantásticos para os laboratórios que os fabricam e comercializam.

É preciso estar atento, pois até mesmo o diagnóstico de médicos ou terapeutas, quando não devidamente elaborado, pode falhar. Assim, não são raros os casos em que se receitam antidepressivos para quem tem apenas tristeza, melancolia, desânimo, falta de vontade ou frustração diante de acontecimentos da vida.

Você já ouviu falar em "distimia"? Essa doença se caracteriza por uma *tristeza crônica*, profunda, que se arrasta por meses ou anos, tirando o prazer de viver. É perigosa pois, se ainda não é, pode transformar-se facilmente em depressão.

- ☹ Há *tristezas* inevitáveis, necessárias. A morte de um ente querido – ainda mais quando for inesperada – é sempre um momento de dor. A alma chora e o corpo se abate. É preciso, no entanto, viver. É preciso reagir. É preciso administrar a dor e a saudade. Com Deus, isso é possível; sem ele, é mais difícil.

- ☹ Há também estados de *medo*, ou até a chamada "síndrome do pânico", que não podem ser confundidos com depressão. Medos crônicos ou pânico levam à depressão, ou vice-versa. É bastante frequente os dois andarem juntos. Um mal atrai o outro, eles se complementam. Mas há que distinguir. Mesmo que os sintomas sejam muito parecidos ou até iguais, *pânico e depressão são realidades diferentes*. Pode alguém estar depressivo sem ter pânico. Podem os medos ser fortes e paralisantes sem existir depressão.

Não há o que um bom diagnóstico não resolva. E a cura começa com o acerto da verdadeira situação de sofrimento. Sem minimizá-la ou exagerá-la. Apenas vê-la como é, nas suas exatas dimensões. Nem mais nem menos. O *autoconhecimento* é o primeiro passo para a cura.

Nada pior para um terapeuta do que ouvir expressões muito comuns entre os depressivos: "Espero que o senhor me cure..."; "Cansei de procurar ajuda. Esta é minha última tentativa!". Digo "nada pior" porque a cura começa no momento em que *a pessoa reconhece seu estado e assume a responsabilidade de sua cura.* Contando com a ajuda do médico, do terapeuta e da família, ELA DECIDE CURAR-SE. Então, sim, é possível. E *só então*. Esse é o primeiro e decisivo passo. Sem ele, pouco se consegue e nada é duradouro. Apenas alívios passageiros, insuficientes para mudar os sofrimentos do paciente.

É realmente depressão a doença que o aflige?
Se for, encare-a e siga os passos da cura.
Eles existem. Descubra-os!

6. Quadro psicológico do depressivo

O leque dos sinais que a mente do depressivo apresenta é muito grande e extremamente variado. Alguns se repetem em todos os pacientes. Outros são próprios da constituição e da personalidade de cada um, do seu estilo de vida e do mapa mental que o orienta.

As queixas mais frequentes falam de um *grande desânimo* que se abate sobre a pessoa. *Um estado de espírito negativo* apodera-se de seus dias. Uma *exagerada tristeza* lhe invade a alma. Perde-se a vontade de viver e nada mais tem graça.

Os *medos* ou mesmo o *pânico* se instalam nos afazeres do dia a dia. Uma crescente *ansiedade* vai tomando conta de tudo. Inseguranças, conflitos, dúvidas... tudo paralisa e impede a pessoa de progredir. Não há mais futuro em seus planos. Não há objetivos nem coragem de enfrentar desafios. O rio da vida estagnou. Desinteresse e apatia, insatisfação e angústia povoam os dias da pessoa. É um quadro deveras lamentável.

Há perda ou excesso de apetite, transtornos frequentes de humor, irritabilidade, sensação de angústia e vazio interior, redução da libido, dificuldade de concentração, medo ou vontade de morrer, idéias suicidas...

E o que dizer da sensação de impotência diante da vida, da terrível solidão que se apodera da alma, da desesperança que prostra e leva ao chão qualquer sonho que apareça? Doença silenciosa e solitária, a depressão arrasta a pessoa para um mundo pessimista e altamente prejudicial. Passa-se 24 horas pensando a mesma coisa:

☹ a vida perdeu a graça...

☹ não existe mais saída...

☹ nada mais vale a pena...

☹ morrer seria a melhor solução...

Preso no emaranhado do seu mundo, criado pela negatividade que foi tomando conta do seu espírito, o depressivo apenas vegeta. Sente-se no fundo do poço, sem luz nem calor. Tudo é escuro em sua alma. Não há mais esperança...

— E a família do doente, já reparou na gravidade do que está sucedendo?

— Não há, muitas vezes, um desleixo ou até mesmo uma postura ostensiva ou de repulsa a quem apresenta sintomas que sugerem depressão?

— Quantos pais estão aptos a reconhecer quando seu filho precisa de ajuda?

— Quantos familiares estão preparados para distinguir corretamente uma simples tristeza de um estado depressivo, muitas vezes leve, mas crônico?

A *mãe*, sobrecarregada de compromissos e preocupações; o *pai*, estressado, sentindo-se incapaz de prover o sustento da família; o *avô*, que se julga velho e inútil; os *filhos adolescentes*, que se frustram em seus primeiros sonhos de afirmação... Quem está realmente apto a reconhecer a presença da depressão em algum familiar?

Vamos continuar refletindo juntos e chegaremos às conclusões necessárias e esclarecedoras sobre o caso. Prossiga!

7. A vida é como...

*A vida é como você a vê,
como a interpreta.*

Nada me parece mais verdadeiro que esta afirmação. O que para alguns significa azar, para outros é sorte. Depende unicamente de seu ponto de vista, das "lentes" que usa em seus olhos mentais, de como *condicionaram* você a ver o mundo.

Aqui reside um dos maiores *segredos da vida*. Dependem dele o fracasso ou o sucesso, a doença ou a saúde, a tristeza ou a alegria. Dele depende você ser pobre ou próspero, infeliz ou realizado. E também, em grande parte, ser deprimido ou não: *fatos* são apenas fatos. Nada significam até o momento em que você os interpreta e lhes dá um sentido. Nada significam além da leitura que você faz. E ela pode ser negativa ou positiva, contra você ou a seu favor. Depende...

- Situações de vida, ambientes familiares ou de trabalho: como você lida com eles? O que pensa e diz constantemente a seu respeito? O que você "rumina" dia e noite, obsessivamente, sem trégua nem mesmo na hora de dormir?

- Algo "muito triste e terrível" aconteceu com você... Quem denominou assim o acontecimento? Foi *você mesmo* ou foram *outros* que o disseram e você acreditou, assumindo como sua a interpretação de terceiros?

- Como você poderia *ressignificar* os eventos da sua vida, dando-lhes proporções diferentes, aprendendo as lições que encerram, sem criar um problema bem maior do que na realidade existe?

- Com que olhos você deveria ver sua realidade atual, o que está acontecendo neste momento? É um "problema sério" ou uma "situação passageira", perfeitamente solucionável? Lembre-se: para o inconsciente, *problema é problema*. Ponto final. "Situação" é algo que passa e, não sendo definitiva, não é tão grave assim.

- *Trocar de lentes*: não seria este o seu caso? Como seus pais, a religião, os costumes locais, o ambiente social, condicionaram você? Cresceu otimista, positivo ou tornou-se um pessimista "de carteirinha", alguém que vê dificuldades e obstáculos em tudo, inclusive onde outros vislumbram oportunidades e desafios?

Pare e pense comigo. Se você desse uma resposta sincera à pergunta: "a vida é como?", o que responderia? Como você vê e sente sua vida? Pare, pense e responda, primeiro para si.

Acredite: a vida é o que você faz dela e é responsabilidade sua administrá-la bem, cuidando para que cada dia seja como um presente que alegra e entusiasma, levando-o a viver feliz, agradecido à vida e a Deus pela dádiva de estar aqui, participando da festa do universo. O importante é isso!

8. Aprendendo a viver consciente

Vivemos, a maior parte do tempo, no "piloto automático". Nosso inconsciente nos dirige. Se ele estiver repleto de boas programações, ótimo! Com um mínimo de esforço, conseguimos um máximo de resultados. Se ele, porém, estiver cheio de crenças negativas, de "nãos" e de condicionamentos incapacitantes, de medos, traumas e recalques, complexos de inferioridade... o que podemos então esperar? Que ele nos torne felizes e saudáveis, animados e dispostos, capazes de prosperar e superar limites?

Quanto mais inconscientes vivemos, mais sujeitos à depressão estamos. A inconsciência é o grande mal da humanidade. É ela a responsável pelos danos psicológicos que os *pensamentos automáticos negativos* criam em nós, sempre que deixamos a mente solta, sem controle.

☹   Alguém nos ofende, o tempo é chuvoso, os fatos são adversos, o dinheiro está curto, os filhos são rebeldes... e automaticamente se criam pensamentos derrotistas que nos perseguem dia e noite. Roubam-nos a paz, quebram nossa harmonia, destroem nosso entusiasmo.

Praticando a consciência do *aqui* e *agora*, ou seja, vivendo atento, alerta a tudo que se passa em nossa mente e ao nosso redor, começamos a tomar as rédeas na mão e a conduzir nosso destino. Nós o fazemos.

☺   Você tem consciência, sabe que pensa. Pare e observe *em que* você pensa. Faça isso a toda hora, a todo momento. Monitore sua mente.

☺ Se os pensamentos que tem não lhe agradam, despeça-os. Deixe-os ir, como nuvens que passam e desaparecem.

☺ Crie outros pensamentos: novos, diferentes, positivos. Você sabe: sua mente não fica sem pensar. Use sua capacidade de criação: isso faz a diferença. Interrompa o processo negativo. Corte a corrente. Assuma o comando. Este é o primeiro e decisivo passo para evitar a depressão exógena ou mesmo para curá-la.

*Você deve ser senhor de seus pensamentos,
e não escravo deles.*

Se as estatísticas dos estudiosos estão corretas, 90% de influência em nossa vida é exercida pelo inconsciente. Apenas 10% cabe ao consciente. No entanto, se bem aproveitado, é suficiente para programar-nos positivamente e transformar nossa vida.

A maioria das pessoas não usa nem 10%. Se muito, de 3 a 5%. Por isso conseguem tão pouco em suas vidas, vivendo abaixo de suas reais possibilidades.

Podemos, sim, fazer maravilhas. As leis da mente são perfeitas e poderosas. A *lei da atração* atua constantemente, proporcionando respostas aos nossos sonhos. Cuidado com eles! A lei é totalmente imparcial. Age tanto para o mal como para o bem.

Nosso inconsciente, dádiva de Deus, é como um fantástico computador. O melhor e mais moderno de todos. Cabe a nós programá-lo. É a tarefa do consciente. O retorno virá. Teremos, 24 horas por dia, um extraordinário mecanismo trabalhando por nós.

A saúde começa na mente.

Programável como é, cabe-nos orientá-la a nosso favor. Nossos desejos são ordens e nossos sonhos e objetivos transformar-se-ão em realidade.

Praticando a consciência do aqui e do agora, você será *vitorioso*. Acima de tudo, *saudável*.

9. Administrando sentimentos e emoções

Há sempre um gatilho da depressão. Do nada, nada vem. A causa pode ser totalmente inconsciente. Ela, porém, existe. Muitas vezes são memórias do inconsciente que afloram perante pessoas ou circunstâncias. São traumas mal resolvidos que acordam. Mágoas que ressuscitam. Perdas, tristezas ou frustrações que brotam das profundezas da alma sem que você possa impedir.

Praticando a consciência do agora, imediatamente você o percebe. Exercendo seu poder sobre os pensamentos automáticos, que rápida e traiçoeiramente surgem, você elimina o primeiro passo que conduz à depressão exógena.

Caso pensamentos negativos tenham-se alastrado e tomado conta do seu íntimo, sentimentos e emoções correspondentes surgirão na tela do seu computador mental. E tudo, então, se impregna de pessimismo e mal-estar, a ponto de o corpo sofrer drasticamente as consequências de tais cargas negativas.

Um perfeito controle emocional não existe. Podemos, isto sim, aprender a *administrar* os sentimentos que nos apertam o peito, sufocam a garganta e paralisam nossos passos.

- Há um grande *desconforto* se instalando em nosso peito. Nosso chacra cardíaco está dolorido. Ou será o coração que dói? Serão os nervos que estão alterados? Serão dores musculares alfinetando nossa caixa torácica?

- Nossa *respiração* está afetada. A energia, obstruída, não flui. Sentimo-nos sufocados, com a angústia estampada no olhar.

E o medo de que "algo pior" aconteça nos acompanha. Tememos a morte, esta é a sensação que temos.

- As *emoções* são ainda mais fortes, repentinas e violentas. Explodem como pólvora. E, como tal, causam inúmeros estragos.
- A *raiva* ataca o fígado e faz mal ao coração. O *pânico* desorganiza o estômago, desequilibrando a flora intestinal. A bexiga se descontrola, num ataque de *ansiedade* desenfreada. Os rins se ressentem com os *medos constantes*, com as inseguranças que desnorteiam as opções a serem feitas.
- Os estragos continuam. São úlceras doloridas, sangrando no corpo e na mente. É azia, gastrite, estufamento. São intestinos hipersensíveis. Diarréias constantes. Cólicas terríveis.

Perguntamo-nos aflitos: Como intervir? Como administrar a situação, impedindo que os sentimentos e as emoções nos prejudiquem tanto? Há muitos caminhos a percorrer.

A *psicoterapia* será uma ótima auxiliar, se você precisa de ajuda e deseja curar-se. A medicina possui remédios que lhe serão úteis ou até necessários, dependendo das circunstâncias.

O mais importante de tudo, porém, será o cultivo permanente da *paz interior*, a "amorização" de toda sua vida. Você criará energias positivas, opostas àquelas. Por si só, elas anularão o poder destruidor do arsenal inimigo.

Para consegui-lo, é preciso treinar muito. Diariamente. Insistir e insistir sempre de novo, até que o novo homem ou a nova mulher se construa em você.

Este é um poderoso antidepressivo, totalmente natural e sem custos financeiros, a seu alcance, agora.

Trevas combatem-se com luz.
Ódio paralisa-se com amor.
Medo aniquila-se com fé.
Ansiedade controla-se com paz.

10. Você cria seu estado de espírito

Fatos, circunstâncias ou ambientes geram interpretações. De acordo com o conteúdo dessas leituras e das reações que suscitam, automática e inconscientemente brotam pensamentos negativos que obscurecem a visão da alma. Sentimentos e emoções afloram, piorando o quadro pessimista que povoa a mente.

Resulta, disso tudo, *um estado de espírito que você mesmo criou*, sem que se apercebesse de como os elos se engataram para formar a corrente negativa que o aprisiona.

- Um tremendo *baixo-astral* toma conta de você.
- Um constante *mau humor* o envolve. Nada o contagia. Nada o atrai.
- Fisicamente, uma desconfortável *prisão de ventre* o incomoda. Tudo, em você, está preso.
- A *postura* do seu corpo mudou radicalmente. Você anda de cabeça baixa, limitando seu horizonte de vida a meros dois metros, sem perspectiva alguma de futuro, sem motivação que o faça olhar longe e sonhar. Ombros caídos, desanimados. Olhos parados, no vazio. Assim você anda, vegetando sem esperança de cura.

– Você se deu conta de que *seu estado de espírito é obra sua*?

– Você percebeu que *passos foram dados* para chegar até aqui?

– Você está consciente que *em suas mãos estão as respostas* de que necessita, todos os recursos para criar o estado desejado que transformará sua vida?

Nada escapa ao controle de sua consciência.
Você está no comando, sempre que quiser.

– Qual o *estado desejado* no qual gostaria de viver?

De alegria?

De esperança?

De amor?

De otimismo?

De saúde?

Tudo na vida pode ser aprendido. O ser humano é uma imensa possibilidade, uma abertura ao infinito. Determine seus objetivos. Crie estratégias e estabeleça metas para alcançá-los.

☺ *Visualize-se* repleto de esperança.

☺ *Visualize-se* irradiando amor. Todos que o rodeiam são envolvidos pela magia misteriosa desse poderoso bálsamo. Tudo ele cura, reanima, ressuscita.

☺ *Visualize-se* espalhando o otimismo e o entusiasmo que brotam de seu coração, contagiando a todos.

☺ *Visualize-se* vivendo um estado permanente de alegria. *Sinta-se* como se assim fosse. *Ouça* seu coração lhe dizendo que isso é fantástico, que isso é vida, *vida plena*.

Por onde for, sua benéfica presença há de motivar corações. Suas palavras serão como água para os sedentos. Seus exemplos representarão força para os desiludidos. Você será a presença positiva que todos desejam.

Lembre-se: viver desanimado ou otimista, ser pessimista ou positivo, ser triste ou alegre, ter azar ou sorte... para tudo isso é você quem cria o estado de espírito correspondente. *Antene-se!*

11. Atitudes e comportamentos estranhos

O estado de espírito, seja qual for, é consequência da leitura que você fez da vida. Sua *percepção da realidade* determina que tipos de pensamentos serão gerados. Sentimentos e emoções acompanham a interpretação que a mente elabora diante dos fatos, que assim são vistos como negativos ou positivos, problemáticos ou superáveis.

Suas reações estão condicionadas a um esquema preestabelecido, que depende do mapa mental que inculcaram em você desde a infância, ou das crenças que foi elaborando. Assim, as reações, as atitudes e os comportamentos resultam desse quadro e são, em grande parte, previsíveis.

As tendências que induzem à depressão, por isso, são muito parecidas em praticamente todas as pessoas.

- Inicia-se por um período de *isolamento* familiar e social, leve ou acentuado, proporcional ao significado atribuído aos fatos. Você, às vezes, nem percebe que se afasta dos outros, sem vontade de ir a festas, bailes ou eventos sociais. Enclausura-se em casa, de preferência em seu quarto. Janelas fechadas, luz apagada, ambiente escurecido como sua alma. Ela também está ficando sem vida e sem luz.

- A tentação da cama é semelhante à atração de um ímã, uma "atração fatal". Você *foge de si* (como se fosse possível!), foge da alegria do mundo, que lhe faz mal. Não sintoniza mais com seu espírito. Música, barulho, TV ligada, crianças brincando, rindo ou chorando, pessoas felizes, ambientes festivos... tudo é motivo de irritação ou mesmo de hostilidade.

- Quem convive com você se pergunta, preocupado, a respeito de tantas mudanças em sua vida.

— Ela nunca foi assim. Antes, animava a festa. E agora, nega-se a participar.

— Não compreendo mais meu filho. Algo de muito estranho está acontecendo. Fecha-se em seu quarto e não quer ser perturbado por ninguém. Serão mágoas, drogas, namoro desfeito, o que será, meu Deus?

— Ele sempre foi um homem expansivo, dinâmico e empreendedor em sua comunidade. Aos poucos, porém, está se retraindo, envolto em seus pensamentos, criando um mundo mental de frustrações e ressentimentos insuportáveis.

— Na escola, a menina vive um sério drama com sua autoestima. Sente-se feia, desajeitada, e qualquer espinha em seu rosto é motivo de desespero. Seu peso e suas formas – com os quais vive insatisfeita, brigando o tempo todo com o espelho – preocupam-na dia e noite. Passa mais tempo ocupada com sua aparência do que com os livros. Seu rendimento escolar decaiu visivelmente. Chora com frequência, sem motivos aparentes que pudessem justificar tanta tristeza, tanta desolação. Nem seus pais, nem suas amigas, nem os professores, ninguém se "antenou" suficientemente. "Desconfiam" que algo errado está acontecendo, mas não tomam as providências que há tempo deveriam ter sido tomadas.

Depressão tem cura.
É preciso, porém, tratá-la corretamente.

Doença traiçoeira e enigmática, a depressão se instala lentamente e toma conta da vida. Tudo perde a graça, mesmo aquilo que mais se gostava de fazer. Jogar futebol, bocha, ir pescar, frequentar o clube, reunir-se com amigos, tudo fica descartado de antemão. "Não tenho vontade de ir. É melhor ficar em casa."

As desculpas são sempre as mesmas. É a chuva ou o sol, é o frio ou o calor, é o cansaço ou a falta de companhia. O depressivo sempre inventa algo que justifique sua ausência.

A vida conjugal está ameaçada. Nega-se a ter relações. Tudo lhe é difícil e enfadonho. Quando não é ela, é ele quem perdeu o desejo. Surgem, então, as conhecidas desconfianças. O ciúme cria a imagem "da outra" ou "do outro", e os alicerces de um casamento, até então sólidos, começam a se abalar. Se o casal abrisse os olhos do espírito, veria com toda a clareza que a depressão está ali, causando inúmeros estragos, sem que alguém tome uma providência. Ou serão necessários sinais mais claros, mais drásticos ainda?

Acompanhe-me, por favor, e descubra os *avisos* que a vida constantemente envia e que muitas vezes não são entendidos a tempo. É hora de acordar! O perigo ronda sua casa.

12. As respostas do corpo

O médico pergunta logo por "sintomas". Ele quer saber que *sinais*, que *avisos*, que *mensagens* o corpo está emitindo. A partir daí, faz seu diagnóstico e prescreve os remédios mais adequados.

Muitas vezes, no caso de depressão aguda, é preciso ir mais longe. Torna-se necessária a intervenção de um psiquiatra, psicólogo e/ou terapeuta para um diagnóstico mais completo e profundo. Só assim a cura é verdadeiramente possível.

A falta de tempo da maioria dos médicos – especialmente em postos de saúde subvencionados pelo SUS – esclarece a pouca atenção que é dada às causas que levaram alguém à depressão. E mais: não só às causas, mas aos *passos mentais* que foram dados, inconscientemente, para que a doença pudesse se instalar, já que na maioria das vezes a depressão é exógena, ou seja, origina-se por motivos que vêm "de fora".

Como vimos em páginas anteriores, cria-se na mente uma cadeia de reações, de encadeamentos que precisam ser entendidos para dar-se início ao processo de cura. A chamada *terapia cognitiva* consiste exatamente nisso: proporcionar ao doente a possibilidade de *conhecer o caminho*, de onde se veio e para onde se vai. Este é o primeiro e indispensável procedimento para que o depressivo possa ajudar a curar-se. Aperfeiçoado por uma *visão holística* que integra espírito-mente-corpo, este método leva o paciente a novas atitudes, tornando-se uma valiosa *terapia comportamental*. Sem agir, o saber não é saber.

As mensagens que o corpo emite são muitas:

- A *insônia* é uma das primeiras que surgem. Pensamentos negativos recorrentes impedem o cérebro de reduzir a frequência de suas ondas. O deprimido não consegue "desligar", pensando continuamente no que lhe aconteceu. Entram em cena, então, os betabloqueadores, substâncias que forçam o cérebro a relaxar e, diminuindo a ciclagem, induzem ao sono. Cria-se uma dependência, nem que seja psicológica. "Sem meu comprimido, nada feito! Não consigo dormir de jeito nenhum!"

- *Dores de cabeça* são frequentes. Nó na garganta, sufoco no peito, cansaço generalizado, mal-estar inexplicável são queixas que sempre aparecem.

- *Nervos à flor da pele* sinalizam o estado lamentável em que muitos se encontram. Irritabilidade exagerada, em que uma palavra qualquer, mal interpretada, é causa de desentendimentos ou brigas, mágoas ou frustrações desproporcionais. Sem falar da apatia e do desânimo que uma situação dessas produz, levando a pessoa a um marasmo total diante da vida. E então, em vez de insônia, o *sono em excesso* transforma-se em fuga das mais perigosas. Foge-se da realidade. Não se quer ver, muito menos enfrentar ou resolver os problemas que afligem a alma.

- Arrepios pelo corpo, ondas de frio ou calor, coração acelerado, suores, tremedeiras... tudo faz parte do *quadro somático* que compõe um estado depressivo.

- O *estômago pesado*, sinal que psicologicamente algo não foi digerido, nos lembra de quantas coisas foram "engolidas" e ficaram trancadas. Cheia de ressentimentos, incapaz de perdoar, a pessoa vai remoendo o passado, sem conseguir aceitá-lo e libertar-se dele. O estômago e os intestinos imitam o proprietário.

- Quase todos se queixam de *gastrite*, quando não *de úlcera estomacal*. São mensagens do corpo, é o inconsciente avisando que, sem libertação interior, sem a "amorização" do passado, a cura não acontece. E os sintomas se apresentam das mais diversas formas. Cada corpo responde de acordo com o significado atribuído aos fatos disparadores do estado depressivo.

Sintomas são avisos.
São lembretes de Deus.
São gritos do corpo pedindo socorro.

– Você entende essa linguagem?

– Você vive atento, suficientemente "antenado" com os sinais?

– Você ouve e atende a quem lhe pede ajuda?

Seu corpo apenas somatiza.
É sua alma que mais precisa de atenção.
Atenda-a, por favor!

13. A família do deprimido

Quando o pai, a mãe, o cônjuge ou um dos filhos adoecem, o primeiro e mais importante de todos os passos é *descobrir* e *reconhecer* que a depressão existe – mesmo que seja confundida com tristeza ou melancolia, pois estas também precisam de cuidados, caso contrário, facilmente se transformam em estado depressivo.

Dialogue com o marido. Preste atenção às queixas da esposa. Fique atento ao comportamento estranho do filho. Fale com a filha adolescente para descobrir as causas de seu isolamento. Converse com seu pai, com sua mãe.

É preciso viver antenado, praticando a consciência do aqui e agora, como tantas vezes já foi alertado. Só assim os males serão detectados a tempo e as devidas providências tomadas para debelar esse mal, superar essa temível doença que deixa o cérebro sem o necessário suprimento de serotonina, indispensável para a volta da alegria e do bom humor.

É preciso encaminhar o familiar ao médico, ou, se preciso, ao psiquiatra e/ou terapeuta. Jamais se deve subestimar a doença, como se apenas fosse um "sinal de fraqueza", uma mania qualquer para chamar a atenção. E, se fosse, também seria um sinal de que há algo errado.

É necessário acompanhar o deprimido, em casa, para que o tratamento seja levado a bom termo. Os remédios precisam ser tomados nos horários certos. Deitar e levantar devem ter hora marcada, para disciplinar a conduta do doente. Sair do quarto escuro, caminhar e apanhar sol em horários convenientes, tudo exige força de vontade e dedicação, não só da pessoa que se recupera, mas, principalmente, de um familiar atento aos cuidados necessários.

O apoio moral, o carinho e a atenção que o doente tanto precisa para sentir-se amado e permitir a cura são também ingredientes indispensáveis que a família e os amigos devem providenciar.

É nesse momento que a pessoa mais precisa do pai ou da mãe, do cônjuge ou do irmão, do filho ou dos amigos que ele ama. Cuidado, porém, com o exagero. A pessoa doente deve ser tratada com incentivo e dignidade, nunca com pena ou comiseração. Ninguém é um "pobre coitado" por estar assim. São lições que a alma tem de assimilar, com espírito de fortaleza.

Ajude a pessoa a utilizar sua *força interior* para vencer o mal e curar-se definitivamente. Não está escrito que a depressão tem que voltar. É hora de libertar-se de certas crenças ou teorias que em nada contribuem.

Estimule seu familiar a assumir proativamente seu processo de cura, traçando o próprio caminho. O amor aquece o coração. Você é muito importante para ele. Mostre que ele também deve ser importante para si mesmo. Amar-se! E, assim, curar-se.

14. Depressão é cíclica, sazonal?

A visão do terapeuta holístico difere, em parte, da visão tradicional da medicina. A depressão *pode* ser cíclica ou sazonal, dependendo de novos fatores psíquicos advindos ou de motivos recorrentes.

A depressão "volta" porque a postura mental, adotada pela pessoa que havia melhorado, não foi suficientemente esclarecida nem positiva o bastante para que permanecesse curada. E, quantas vezes, o tratamento não foi levado a sério nem concluído?

Ela é sazonal, dependendo em grande parte da constituição física e da predisposição da pessoa em relação a determinada estação do ano. Os reativos são influenciados por fatores climáticos e ambientais e se abalam facilmente. Dias frios, chuvosos, escuros, são mais propícios à tristeza, à solidão e, até mesmo, à depressão. Não necessariamente, porém. Com os proativos isso não acontece. "Os proativos carregam o tempo dentro de si", diz Stephen Covey.[1]

Há *fatores recorrentes*, que voltam de época em época, de ano em ano, com muita intensidade. Aniversário da morte de um ente querido, festas, como Natal ou Ano-Novo, certas datas emocionalmente tristes às lembranças do coração (separação, divórcio...), tudo contribui para disparar uma nova depressão ou despertar das cinzas a que ainda não se havia apagado totalmente.

Doenças diversas, sistema imunológico debilitado, fatores emocionais adversos, tudo facilita, em certas estações do ano, o desabrochar do estado depressivo. Traumas não resolvidos, mágoas

---

[1] COVEY, Stephen. *Os sete hábitos das pessoas altamente eficazes*. São Paulo, Best Seller, 1995.

não perdoadas, um inconsciente recheado de crenças negativas podem aflorar de tempos em tempos, mas é possível evitar novos estados depressivos. É preciso *fazer terapia*. Às vezes, valer-se da hipnose, da regressão.

Sem um inconsciente trabalhando, as causas anteriores podem irromper de novo, a qualquer momento. Basta um gatilho – normalmente não percebido – e tudo se reacende. Mas com uma atitude mental de alerta, positiva e forte, você se mantém de pé: nada o abalará, nem chuva nem vento, nem frio nem calor.

Você é capaz de superar todas as intempéries, contanto que sua mente esteja atenta e iluminada, fortalecida por Deus. Acredite: *depressão tem cura*. Depende, em primeiro lugar, de você. *Faça sua parte*, que Deus fará a parte dele, através de você, da medicina ou da psicoterapia. Vá em frente!

15. O poder da fé

Você que é uma pessoa de fé, de crenças religiosas, que em Deus tem sua esperança e seu sustentáculo, certamente está esperando uma palavra esclarecedora sobre o assunto. Pessoalmente, acredito que a depressão é uma *doença da alma*. A questão é muito mais complexa e profunda do que à primeira vista parece. Está faltando Deus na vida de muitos. Ele está sendo banido pela sociedade consumista, que apenas visa ao lucro e ao prazer.

- Onde estão os *valores espirituais* em nossas escolas?
- Onde estão nossos jovens, que não participam mais das *celebrações religiosas*?
- Onde, aos domingos (ou sábados), cumpre-se o *desejo do Senhor* de santificar um dia da semana, reservando-o para Deus e seus afazeres espirituais?

Deus dá sentido à vida. Sem ele, só existe o vazio, e a morte é o fim.

Nossa finitude humana aspira a completar-se no Infinito. Somos como águias que buscam as alturas, mas, ao mesmo tempo, nossos medos nos transformam em galinhas, e ficamos presos à terra.

Falta ao depressivo o *entusiasmo de viver*, que é essencialmente espiritual. É Deus "dentro de mim", agindo em mim e por mim, dando-me forças, sendo luz, empurrando-me para a frente e para o alto. Entusiasmo significa isso. É muito mais que um simples pensamento positivo que possa levar-me a vencer na vida. Ele é divino, imbatível, campeão. Tem a própria energia de Deus.

Ligar-se cada vez mais a Deus, dando um significado maior a tudo que se vive e realiza: este é um dos segredos que impedem que o vazio existencial aconteça. Caso contrário, tornamo-nos presa fácil do desânimo, da solidão, da tristeza.

– E a vida após a vida?

– E a responsabilidade que temos em administrar, da melhor maneira, a dádiva da vida que Deus nos confiou?

– E o espírito imortal, como ficará diante do Criador? Dizer-lhe o quê?

Preencha seus dias com a presença amorosa de Deus. Ligue-se a ele com o coração esperançoso e filial, sabendo que o Pai de todas as luzes iluminará seus passos. E caminhe! Ande de cabeça erguida, como filho de Deus. Cultive uma autoestima forte e positiva, sabendo-se abençoado por Deus, alguém que merece ser feliz e faz por merecê-lo. A sabedoria povoará seus dias.

Com Deus no coração, você é saudável. Porque Deus é vida, alegria e realização. Você também!

Voar é preciso.
Aspirar a Deus é preciso.
Dar um sentido à vida é preciso.
Preencher seu coração de Deus é preciso.

16. A falta de objetivos

Dificilmente você encontrará um depressivo que tenha objetivos na vida. E é a falta de objetivos que leva ao descrédito de viver. A depressão acontece e altera toda a química cerebral[1] exatamente porque nada mais o encanta, nada mais o atrai.

Amar, você não ama. Sentir-se amado, também não. Alimentar sonhos, traçar planos, criar metas e buscar resultados, nada disso o entusiasma. Você perdeu o elã pela vida. Apenas vê o tempo passar. Está na hora de mudar!

☺ Que tal ir mais cedo para a cama e também levantar mais cedo, em vez de perder tempo assistindo a futilidades ou terror na TV?

☺ Tenha objetivos gratificantes. Seja visionário, ousado e desafiador! Experimente mudar, ser diferente.

☺ Pense no que gostaria de realizar. Visualize isso, escrevendo-o com capricho. Registre, de forma bem clara, o resultado final, para mentalizá-lo todos os dias, repetidamente.

☺ Agradeça a Deus pelos desejos que conseguir realizar. Agradeça antecipadamente, com toda a confiança, como quem já alcançou o que pediu.

☺ Veja-se e sinta-se merecedor do pedido que faz, alegrando-se, desde já, por tê-lo alcançado. E aja! Mãos à obra! Você conseguirá.

Viver com a mente e o coração motivados – e é *você mesmo* quem se motiva – lhe dará toda a energia necessária para seu corpo

---

[1] CHOPRA, Deepak. *A cura quântica*. São Paulo, Best Seller, 1992.

funcionar de forma perfeita e saudável. O sistema imunológico responderá prontamente, fortalecendo sempre mais as defesas do seu organismo. O cérebro e os intestinos providenciarão as substâncias positivas, favoráveis ao bom humor, ao alto-astral, à doce felicidade que tanto você almeja.

Pessoas que andam de cabeça erguida favorecem a produção de uma química positiva. *Olhos para o alto*, de onde vem a conexão que o mantém animado.

Pare e pense. Pergunte-se a respeito de seus objetivos. São eles suficientemente importantes e valiosos, capazes de fazê-lo viver atitudes novas e diferentes, fortalecedoras, que o impulsionam para a frente, que o ensinam a voar?

Há um coração de águia pulsando em você. Permita que ele vibre e o faça levantar voo, rumo ao infinito de seus sonhos.

17. A cura holística

Você já percebeu, com muita clareza, que a cura é conjunta, integrada e integral. É o espírito, a mente e o corpo que precisam de atenção. Não podemos nos descuidar de nada. Eles se complementam, interagem e dependem um do outro. Um espírito doentio, sem Deus, expressa-se em uma mente igualmente doentia. O corpo somatizará, como consequência, os males que a psique vivencia.

Remédios químicos são necessários? Muitas vezes, sim. Seu efeito, porém, demora para se fazer notar: de duas a três semanas. E, como fica, neste ínterim, quem está desesperado, com ideias suicidas perseguindo-o dia e noite? Alguém precisa fazer algo.

Entra em cena, então, o papel do psicólogo ou terapeuta. É preciso incentivar o doente, sustentá-lo em sua fraqueza, fortalecê-lo em sua fé cambaleante. Ninguém melhor que um psicólogo bem preparado ou um terapeuta experiente para escutar, acolher e reanimar a alma do deprimido. Com fé e amor, tudo é possível.

– *Como está sua vida espiritual?*

Procure um sacerdote, um pastor, um rabino, um guru – alguém que lhe ajude a abrir os canais com Deus e *religá-lo* com o Criador.

– *Como está sua mente?*

Trate-a com psicoterapia. Profissionais competentes saberão ajudá-lo a reavaliar seu passado, tomar as rédeas do presente e planejar seu futuro. Porque é isso que deve ser feito. Você precisa de um sentimento maior para a vida. E de *assumir o comando*. As escolhas são sempre suas. As consequências também.

– *Como está seu corpo?*

Procure um médico de sua confiança porque, se há sintomas, precisam ser tratados para que a cura aconteça mais rapidamente. O corpo demora um pouco mais para recompor-se. A mente pode mudar em questão de minutos. O corpo levará dias, semanas ou meses. *Cuide bem dele!* Siga as orientações de seu médico.

Há terapeutas que trabalham com *terapia floral*. Há outros que optam por *homeopatia* ou *acupuntura*. A *terapia holística* engloba um leque de propostas, umas acadêmicas e outras alternativas, todas, porém, visando ao mesmo fim: a cura completa do depressivo. Descubra o que mais se adapta a sua necessidade. Profissionais sérios, competentes, são tudo que você precisa para conseguir uma cura verdadeira e profunda.

Lembre-se sempre: sem a sua participação, a verdadeira cura não acontece. Apenas os remédios não vão fazer isso. Eles mantêm a depressão sob controle, mas não a eliminam.[1]

Fé, oração, pensamento positivo, mente alerta, remédios químicos e/ou fitoterápicos, florais, homeopáticos, ioga, meditação, exercícios e caminhadas... Valha-se de tudo que é bom, e você viverá saudável.

---

[1] CHOPRA, Deepak. *Corpo sem idade, mente sem fronteiras.* Rio de Janeiro, Rocco, 1999.

18. Outros cuidados necessários

Há muito ainda a sugerir. Escolha o que lhe convém e em que mais tiver fé. Pense com muito carinho nos cuidados do seu corpo.

☺ Um bom *massoterapeuta* pode ser muito útil. Sua energia precisa fluir.

☺ *Ande em contato com a terra*. Caminhe, de pés descalços, na grama orvalhada ou na terra. Plante flores, mexa com as energias telúricas. Descarregue sua eletricidade estática, que o faz levar choque na porta do carro ou na maçaneta da porta. Absorva as forças positivas da natureza e liberte-se.

☺ *Alimente-se bem*, com muitas frutas e legumes, saladas e verduras. É indispensável que o apetite volte ou se equilibre. Nada de exageros nem de carnes vermelhas, muito menos de bebidas alcoólicas.

☺ *Observe o funcionamento de seu intestino*. Cuide de sua flora intestinal. A própria alimentação é fundamental para isso. Deve "ir aos pés" todos os dias, pelo menos uma vez. Se não acontecer, tome logo as devidas providências. Intestino com hipersensibilidade ou preso demais favorece o mau humor e mantém o estado depressivo.[1] Fique de olho nele!

☺ *Faça caminhadas*, dentro do prescrito por seu médico ou terapeuta. Pelo menos 45 minutos, um dia sim e outro não; se possível, todos os dias. Sei que é difícil um depressivo sair de casa. Mas sei que você quer curar-se. Portanto, pés na estrada! Academia, malhação, exercícios físicos, hidroterapia,

---

[1] POVOA, Helion. *O cérebro desconhecido*. Rio de Janeiro, Objetiva, 2002.

sessões de Reiki; procure tudo que estiver a seu alcance e for perto de onde você reside! Tudo é válido.

☺ *Cuide do seu sono*. Durma o suficiente, nem que seja à base de soníferos. É melhor que não dormir. De 6 a 8 horas, não mais. Sono em demasia deixa você molengo e preguiçoso, e seu quadro psicossomático apenas piora. Uma boa noite de sono dá energia e estímulo para o novo dia.

☺ *Pratique ecoterapia*. É a terapia da natureza, do verde, da água, do sol. Sinta-se ligado à terra, à lua, às estrelas. Comungue energeticamente com a vida do universo.

☺ Pratique algum *hobby*: vá pescar, ande a cavalo, curta o pôr-do-sol, observe os pássaros cantando ao amanhecer. Vibre com o sol que nasce. Renasça com ele!

Acorde para uma vida mais saudável, alegre e otimista. Descubra que vale a pena ter amigos, ter vontade de viver. Descarregue seu estresse diário ou semanal em meio à natureza e volte para casa com as baterias carregadas. Sua família o aguarda. Seu trabalho também. Cuide-se! Você merece!

19. A cura é possível

Diz-se que "não há doenças incuráveis; há *pessoas* incuráveis". O que se entende por esta afirmação?

Se a depressão tem cura, mas nem todos se curam, deve haver um mecanismo interno, totalmente inconsciente, que impossibilite a cura.

"Ganhos secundários"... você já ouviu falar deles? São motivos ocultos que boicotam a cura. Talvez exista algum "lucro" em ser doente: assim, você é visto, visitado, um pouco mais amado do que antes. Isso é bom?

Para a criança que tem pais ausentes, conseguir o amor deles nem que seja sofrendo, é melhor do que não tê-lo, concorda comigo? O idoso, que muitas vezes vive sozinho, como pode largar a doença se ela traz os filhos para vê-lo?

Um bom psicólogo ou terapeuta lhe ajudarão a garimpar o subsolo de sua mente. Onde estão escondidos os reais motivos da doença? Flagrá-los é um passo decisivo para a cura. *Admiti-los* e *ressignificá-los* é mais importante ainda.

Expanda sua consciência. Assuma o controle. Desligue o piloto automático. Dirija sua vida: faça dela o que sonhar fazer. Só você tem esse poder. Desperte-o!

Outro ponto extremamente vital é você compreender que *os outros não podem curá-lo*. Podem apenas ajudar. Podem incentivar sua mente e aquecer seu coração. Mas é sempre a *automotivação* que resolve. *Depende de você curar-se.*

E Deus, não depende dele também? É claro que sim. Mais do que ninguém, ele quer seus filhos saudáveis e felizes. Deu-lhes, porém, *livre-arbítrio*, direito de escolher. Diante de nós pôs a maldição e a bênção, a morte e a vida, a tristeza e a felicidade, as trevas e a luz (cf. Dt 11,26). Carinhosamente ele nos diz: "Meu filho, faça sua escolha. E conte sempre comigo".

Outro cuidado mental a ser tomado é pesquisar seu coração para descobrir se há ou não *sentimentos de culpa*. Isso nos impede de viver felizes. Esses sentimentos nos "castigam", pois somos pecadores e merecemos ser castigados. É o inconsciente executando crenças: errou, merece castigo. Deus, com certeza, nos perdoa de coração, sempre que pedimos. E por que *nós* não nos perdoamos? Somos intransigentes e duros conosco. Ainda nos recriminamos por deslizes da adolescência. Com medo de Deus e de seus castigos, punimo-nos antecipadamente. Quem sabe, então, o onipotente Senhor e juiz nos absolva, pois já sofremos bastante e pagamos nossos pecados.

São crenças. Úteis ou não, certas ou erradas, quem decide é você. Sempre é bom arejá-las e jogar fora os excessos, olhando para Deus de forma nova e bíblica: ele é o Pai das Misericórdias, na mensagem de Jesus.

Pare de castigar-se e sofrer desnecessariamente! Deus não lhe pede isso. Ame-o, pois ele ama você eternamente.

20. Vigiar e orar

Uma das recomendações mais belas, profundas e sábias que o Mestre deixou tem apenas duas palavras: "Vigiai e orai" (Mt 26,41).

☺ *Monitorar-se constantemente* e impedir que os pensamentos automáticos negativos se apoderem de você, sem que o perceba. Ficar atento, alerta, como sentinela à porta da casa. Com a consciência focada no agora e a atenção centrada no momento presente.

☺ *Vigiar*, para que nenhum sentimento de menos valia, de baixa autoestima, de demérito, possa se infiltrar em seu coração, criando um descontrole emocional que abale ou desintegre seu corpo.

☺ *Antenar-se* para que as percepções da realidade sejam positivamente interpretadas, para que a leitura dos fatos não deslanche emoções desmedidas e incontroláveis, arrastando você à angústia e ao desespero existenciais.

☺ *Orar sempre*, como o Cristo pediu (Lc 18,1). Ligar-se de alma, mente e coração a Deus. Sintonizar em tudo com ele. Isso é "orar sempre". Rezar em família e, também, com sua comunidade de fé, criando ou participando de rituais religiosos que lhe despertem o senso do sagrado. Organize *correntes de oração* com grupos de amigos, motivados pela energia do amor, e nada poderá resistir à força de cura que irão emitir.

Somos, em primeiro lugar, seres espirituais. "Somos espíritos imortais vivendo aqui experiências humanas", como afirmou Teilhard de Chardin. Caso você acredite nisso, levante os olhos ao céu e agradeça. Nenhuma depressão resiste ao poder de Deus.

Este é meu ato de fé. O Espírito Santo de Deus saberá orientá-lo, se você o buscar de todo o coração. Acredite profundamente no que está lendo. Convido-o a fazer as experiências de cura que eu mesmo já vivi.

Faça sua parte: vigie e ore, pedindo iluminação a Deus. Se os recursos humanos forem insuficientes, recorra a ele. Deus, com certeza, o atenderá. "Pedi e vos será dado; batei e a porta vos será aberta" (Lc 11,9). Pode entrar. A porta da saúde está aberta.

Sumário

Palavras de esclarecimento 5

Introdução 7

1. Um olhar sobre o mundo de hoje 9

2. Previsões e dados alarmantes 11

3. Considerações gerais sobre possíveis causas 15

4. Tipos de depressão 19

5. Nem tudo é depressão 23

6. Quadro psicológico do depressivo 25

7. A vida é como... 27

8. Aprendendo a viver consciente 29

9. Administrando sentimentos e emoções 31

10. Você cria seu estado de espírito 35

11. Atitudes e comportamentos estranhos 37

12. As respostas do corpo 41

13. A família do deprimido 45

14. Depressão é cíclica, sazonal? 47

15. O poder da fé 49

16. A falta de objetivos 53

17. A cura holística 55

18. Outros cuidados necessários 57

19. A cura é possível 59

20. Vigiar e orar 61